Lk 7/188

INAUGURATION

DE LA STATUE

DE

DUFRESNE DU CANGE,

ÉRIGÉE A AMIENS,

LE 19 AOUT 1849,

Par les soins de la Société des Antiquaires de Picardie.

AMIENS,
Imprimerie de DUVAL et HERMENT, Place Périgord, 1.

1849.

EXTRAIT DU REGISTRE AUX PROCÈS-VERBAUX

DE LA SOCIÉTÉ DES ANTIQUAIRES DE PICARDIE.

INAUGURATION

DE LA STATUE

DE

DUFRESNE DU CANGE,

A AMIENS,

LE 19 AOUT 1849.

L'an mil huit cent quarante-neuf, le dimanche dix-neuf août, à deux heures et demie de relevée, et immédiatement après sa séance publique, la Société des Antiquaires de Picardie, représentée par tous ses membres titulaires résidants et un grand nombre de membres titulaires non résidants et correspondants, venus à Amiens pour la cérémonie, s'est rendue, précédée de son appariteur, de la salle du Congrès de l'hôtel-de-ville d'Amiens, à la place Saint-Denis, où, d'après les ordres de M. le Préfet de la Somme et de M. le Maire d'Amiens, des détachements de la garde nationale, du 23.ᵉ régiment d'infanterie légère et du 9.ᵉ régiment de cuirassiers formaient le carré dans lequel se trouvaient réunis de nombreux souscripteurs au monument, invités par lettres spéciales de la Société.

Un instant après, le cortège, qui était parti de l'hôtel-de-ville pour passer la revue de la garde nationale et des troupes rangées en bataille sur le boulevard du Mail, arrive sur la place, escorté d'un détachement d'honneur fourni par la légion d'Amiens. En tête du cortège on remarque M. le Préfet de la Somme, M. le Maire d'Amiens, M. Magnin, président de l'Académie des Inscriptions et Belles-Lettres, suivi de la députation de l'Institut, composée de MM. Langlois, vice-président; Naudet, Stanislas Julien, Paulin Paris, Reynaud, Lenormand, Hase, de la Saussaye, en costume de cérémonie, et précédée de ses deux huissiers; M. le duc d'Albert de Luynes, membre libre de l'Institut, président du comité de souscription Du Cange, à Paris; M. Génin, chef de division au ministère de l'instruction publique et des cultes, délégué par M. le Ministre de l'instruction publique; M. Frédéric de Mercey, chef de la division des Beaux-Arts au ministère de l'Intérieur, et les diverses autorités civiles et militaires.

M. le Président conduit le cortège sous la tente qui avait été disposée pour le recevoir.

Vingt mats dressés tout autour de la place et surmontés de flammes aux couleurs nationales portent, sur des écussons disposés au milieu d'un faisceau de drapeaux tricolores, les noms des principales villes de l'ancienne province de Picardie ; ces mats sont reliés entr'eux par des guirlandes de lanternes de couleurs.

Diverses sociétés savantes de France et de Belgique invitées à l'inauguration de la statue de Du Cange se sont fait représenter à cette solennité par leurs délégués présents dont les noms suivent : MM. de Martonne et de Longpérier membres de la Société des Antiquaires de France ; M. Quicherat, président de la Société de l'école des Chartes ; M. Achille Jubinal, membre de la Société des gens de lettres ; M. de Robiano, vice-président de la Société numismatique belge ; M. Dupuis, de la Société archéologique de l'Orléanais ; MM. Cahier et Dupont, de la Société centrale d'agriculture, sciences et arts de Douai ; M. de Rambures, de la Société d'émulation d'Abbeville ; M. l'abbé Corblet, de l'Institut historique de France ; M. le docteur Le Glay, de la Société des sciences de Lille ; MM. Harbaville et Boistel de l'Académie d'Arras ; M. Deschamps de Pas, de la Société des Antiquaires de la Morinie ; M. Gomart, de la Société académique de Saint-Quentin ; M. Paulet, du Cercle lyrique Montois ; MM. Barbier et Anselin, directeur et secrétaire-perpétuel de l'Académie d'Amiens.

Sont en outre présents : M. l'abbé Glaire, doyen de la faculté de théologie de Paris ; MM. Blin de Bourdon, Dufresne de Beaumetz et de Montclin, descendants, de Du Cange ; MM. de Lagrenée, Am. Dubois et Labordère, représentants de la Somme.

Toute l'assemblée ayant pris place autour du piédestal, M. Rigollot, président de la Société et M. Porion, maire d'Amiens s'approchent du monument et font tomber, à un signal donné par une salve d'artillerie tirée des hauteurs d'Henriville, le voile qui recouvre la statue de l'illustre amiénois. Aussitôt un cri unanime d'admiration et d'enthousiasme part de toutes les bouches ; les tambours battent aux champs, les troupes présentent les armes et un morceau d'harmonie militaire est exécuté par les trois musiques réunies de la légion d'Amiens.

Immédiatement après, M. le Président de la Société des Antiquaires de Picardie, donne la parole à M. Génin, chef de division au ministère de l'instruction publique et délégué par M. le Ministre pour le représenter à la cérémonie. M. Génin prononce le discours suivant :

« MESSIEURS,

» Lorsque, il y a peu de jours encore, je me préparais à accompagner ici M. le Ministre de l'instruction publique, je ne me préoccupais que du plaisir de revoir, après une si longue absence, les lieux où sont restés attachés les plus chers souvenirs de ma jeunesse ; je croyais venir, mêlé dans la foule, assister en curieux à une imposante solennité scientifique. J'étais loin de m'attendre à l'honneur d'y paraître officiellement. La maladie de M. le Ministre de l'instruction publique a changé tout à coup les dispositions arrêtées, et il se trouve qu'à tant de sujets d'émotion légitime vient s'ajouter une émotion nouvelle, suffisante à elle seule pour troubler des orateurs plus aguerris.

» Heureusement, Messieurs, dans ces lignes improvisées, je n'ai pas à apprécier devant vous les immenses travaux de Du Cange ; je laisse à un orateur de plus d'autorité le soin de dérouler sous vos yeux cette longue carrière si utilement remplie par la science. Ma mission est plus modeste : je ne prends la parole que pour vous exprimer de la part de M. le Ministre de l'instruction publique son vif regret de n'avoir pu se rendre à la cérémonie de cette inauguration. Pour le contraindre de manquer à la promesse qu'il vous avait faite, qu'il s'était faite à lui-même, il n'a fallu rien de moins que l'impossibilité de la tenir.

» Mais ce n'est point exclusivement par des regrets que M. le Ministre veut aujourd'hui s'associer à vous.

» Elever des statues au talent, au génie, c'est stimuler à son égard l'admiration populaire de tous les instants : c'est créer l'émulation, le plus bel hommage peut-être qu'on puisse lui rendre. Il est cependant une autre manière de l'honorer, et qui n'est pas moins digne de lui ; c'est de répandre ses œuvres, c'est de ne pas souffrir que l'oubli dévore une partie des résultats précieux achetés par tant de veilles. Conformément à cette pensée, M. le Ministre a décidé qu'un volume des œuvres posthumes de Du Cange serait publié aux frais de l'Etat, dans la *Collection des documents inédits de l'Histoire de France*.

» Des amis de l'étude sérieuse ont manifesté au Ministre le désir que le nom de Du Cange fût attaché au principal établissement d'instruction publique de cette ville. Paris avait donné l'exemple de cette consécration des gloires locales : deux grandes cités viennent de le suivre. Amiens n'aura rien à leur envier ; au lycée Corneille de Rouen, au lycée Descartes de Tours, Amiens dès aujourd'hui peut opposer sans désavantage son lycée Du Cange.

» Puisse, Messieurs, cet illustre patronage porter bonheur à vos écoles ; du sein de votre lycée, pour lequel j'ai doublement le droit de faire des vœux (*), puisse ce patronage susciter à Du Cange un émule et un successeur. La matière ne manquerait pas à son zèle, encore qu'il paraisse difficile d'en rencontrer une aussi importante, et qui mérite au même degré l'application et les efforts d'un Du Cange nouveau.

» En effet, sans parler de dix autres ouvrages dont un seul suffirait à fonder la réputation d'un érudit moderne, Du Cange s'est chargé de dresser l'inventaire complet des ruines de deux antiquités. Le relevé des richesses des deux langues grecque et latine au temps de leur plus grande opulence et de leur plus florissant éclat eût coûté beaucoup moins de temps et de peines,

(*) M. Génin est né à Amiens et a fait ses études au lycée de cette ville.

car les idiômes se décomposent sous la main du temps de la même façon que ces palais magnifiques dont les débris écroulés couvrent une étendue de terrain bien autrement vaste et considérable que ne faisaient jadis les monuments debout, dans toute leur gloire.

» Si l'on a raison d'admirer le premier architecte, quel génie ne faudra-t-il pas reconnaître à celui qui aura su recueillir tous ces fragments informes, les interpréter l'un par l'autre, et de cet amas de décombres par lui coordonnés, faire sortir l'histoire politique, civile et religieuse ; les institutions, les mœurs, les usages des peuples transformés ou disparus ?

» Aucune nation, pas même la patiente et laborieuse Allemagne, ne peut se vanter d'un savant ayant construit à lui seul deux ouvrages comme le Glossaire de la basse grécité et le Glossaire de la basse latinité. Ce sont deux colonnes lumineuses éclairant au loin tout le moyen-âge et jusqu'aux profondeurs les plus reculées du Bas-Empire ; et l'imagination s'effraie de songer que ces deux glossaires, bases impérissables de la gloire de Du Cange, n'ont été pour ainsi dire, que les distractions de ses travaux administratifs. Oui, Du Cange offrit à l'Europe savante l'intéressant spectacle d'un historien magistrat rivalisant, du fond de son cabinet isolé, avec l'illustre congrégation de Saint-Maur.

» Si la France est justement fière d'avoir donné Du Cange au monde savant, à son tour la ville d'Amiens doit être fière d'avoir donné Du Cange à la France. Encore le nom de Du Cange n'est-il pas l'unique titre de la ville d'Amiens à la reconnaissance des savants et des lettrés de tous les âges et de tous les pays.

» Les trésors amassés par son infatigable érudition, Du Cange les a mis à la disposition de tous. Il est donc naturel que tous soient pénétrés pour lui de reconnaissance, d'admiration et de respect. Mais le droit d'exprimer ces sentiments, de les exprimer avec autorité, est réservé aux héritiers directs de Du Cange et des Bénédictins dans les travaux de l'érudition. Au pied de cette statue, lorsque l'Académie des Inscriptions est présente, le plus humble des écoliers de Du Cange doit garder le silence pour écouter avec respect l'éloge de son maître dans une bouche vraiment digne de le prononcer. »

M. Magnin, président de l'Académie des Inscriptions et Belles-Lettres s'approche ensuite du piédestal et dit :

« Messieurs,

» C'est un beau spectacle que celui des hommages intelligents qu'un peuple enthousiaste rend à ses grands hommes. On éprouve surtout un profond sentiment de justice satisfaite, en voyant des noms, révérés jusque-là dans un cercle restreint d'admirations respectueuses, atteindre, enfin, à la grande renommée, à la gloire populaire et nationale. Honneur à la ville d'Amiens, à ses citoyens, à ses magistrats ! Honneur surtout à la Société des Antiquaires de Picardie, pour avoir conçu et accompli la haute et noble pensée de couronner dans leur illustre compatriote, non pas seulement un érudit de génie, mais le génie même de l'érudition ! D'autres villes ont élevé des statues à la gloire des armes, de la poésie, des sciences ou des beaux-arts. Il restait encore une grande et belle palme à décerner. Vous avez, Messieurs, saisi avec bonheur, cette honorable initiative. Amiens, qui compte parmi ses enfants tant d'hommes célèbres dans tous les genres; Amiens qui a produit des poètes comme Voiture et Gresset, des médecins comme Riolan, des géomètres comme Delambre, a été bien inspirée en donnant le pas sur tous à celui qui a mis le plus d'originalité réelle au service de l'application la plus prodigieuse. Oui ! vous avez fait justice, Messieurs, en inscrivant sur le premier feuillet de votre livre d'honneur le nom du linguiste polyglotte, du savant universel que l'Italie, l'Allemagne et l'Angleterre nous envient, de Charles du Cange, enfin, le père de la grande école historique française.

» Aussi l'Académie des inscriptions et belles-lettres ne pouvait-elle rester indifférente à la solennité qui nous rassemble. Elle s'y associe pleinement, Messieurs, et le nombre de ses membres qui se pressent autour de ce monument le prouve mieux que mes faibles paroles. L'Académie partage votre vénération filiale pour le grand critique né dans vos murs, et salue en lui un de ses plus éminents précurseurs. En effet, par les voies qu'il a ouvertes, par les instruments d'investigation qu'il a créés, par les belles et innombrables applications qu'il a faites des plus excellentes méthodes, du Cange a renouvelé et agrandi le champ des études historiques. Il a, avec Hadrien de Valois, Denys Godefroy et Baluze, fondé parmi nous l'érudition laïque, et fait sentir la nécessité de confier à des compagnies savantes le dépôt et la culture de ce précieux heritage. Oui, les beaux exemples de ces hommes admirables ont préparé et dicté, en quelque sorte, les réglements qui, en 1701, ont définitivement constitué l'Académie des belles-lettres.

» Les caractères distinctifs des œuvres et du génie de du Cange, sont la hardiesse et la fécondité. Nul n'a pressenti de plus loin, ni discerné d'un coup d'œil plus sûr, les questions qui devaient occuper et intéresser l'avenir.

» Le moyen-âge, par exemple, qui attirait à peine un regard au xvie et au xviie siècle, et que la science et même la mode explorent dans tous les sens aujourd'hui, le moyen-âge nous a été ouvert par du Cange. Aurions-nous pu faire un seul pas dans ces routes obscures, si nous n'avions eu, pour nous guider, le secours de ses deux admirables Glossaires ? Personne (je ne crains pas qu'on le conteste) n'a compulsé, déchiffré, interprété plus de documents originaux, secoué la poussière de plus de chartes pour en tirer la connaissance des lieux, des institutions, des mœurs et des idiomes. Je ne prétends point, à Dieu ne plaise! contester ni affaiblir les services rendus à notre histoire par les congrégations religieuses; mais, enfin, l'étude des chartes avait pour les monastères un intérêt direct et domestique. Les religieux cherchaient surtout à constater des droits utiles dans la lecture et la copie des actes. Du Cange et les érudits laïcs du xviie siècle ont défriché les ronces et les épines des temps barbares, sans autre mobile que l'amour désintéressé du vrai et le pur dévoûment au génie sévère de l'histoire.

» Je ne citerai point les nombreux ouvrages imprimés de du

Cange, ni les manuscrits non moins nombreux qu'il a laissés, et dont la simple nomenclature, dressée par une main pieuse, semble le catalogue d'une bibliothèque. Je remarquerai seulement qu'il a exécuté ses immenses travaux sans préjudice d'aucun des devoirs de la vie civile. Il a, pendant 23 ans (vous le savez mieux que moi), rempli avec assiduité, dans cette ville, une charge importante d'administration et de finance ; il a été, durant sept années, auprès de son père infirme, un modèle accompli de piété filiale ; enfin, dans le cours d'une union prospère, qui a duré plus d'un demi siècle, il a eu à élever dix enfants. Les facultés heureuses et bien dirigées de ce grand esprit ont suffi à tout sans efforts. Par caractère, d'ailleurs, il recherchait les tâches difficiles. Ce grand homme, qui avait préparé tant de matériaux sur l'ensemble et sur tous les détails de notre histoire, a terminé de préférence, et a imprimé, ou mis en état d'être imprimées, les parties qui exigeaient la réunion des connaissances les plus rares et les plus variées. Ainsi, les croisades, l'empire latin, l'occupation française et normande de la Grèce et de la Sicile, ces épisodes lointains et compliqués de notre activité conquérante, ont trouvé dans le laborieux et modeste magistrat un annaliste dont l'autorité ne sera point surpassée. C'est parmi les ouvrages inédits de cette classe que le goût éclairé de M. le Ministre de l'instruction publique nous promet de puiser les éléments d'une nouvelle et prochaine publication. Grâce à cette généreuse pensée, l'*Histoire des familles d'outre-mer*, publiée aux frais de l'Etat, sera le digne complément du monument que nous inaugurons aujourd'hui.

» Du Cange, pendant sa longue et paisible carrière, n'a éprouvé qu'un seul mécompte. Le Recueil des historiens de la Gaule, cette collection monumentale dont il avait poursuivi l'idée pendant toute sa vie, et dont un ministre de Louis XIV lui avait demandé de tracer le plan, n'a point été (et l'on peut le regretter peut-être) confié à sa direction. Mais n'est il pas bien remarquable et bien glorieux pour Amiens, que cette grande tâche n'ait échappé des mains de du Cange, que pour passer dans celles d'un autre enfant de cette ville, dans les mains de dom

Bouquet ? — Votre cité, Messieurs, était prédestinée à être le berceau de l'histoire de France ! — Au reste, les fils sont dignes de leurs pères, quand ils savent les honorer comme vous. »

M. Ernest Breton, au nom de la Société des Antiquaires de France, prend la parole :

« Messieurs,

» M. Lebas, président de la Société des Antiquaires de France, étant retenu à Paris par ses devoirs universitaires, c'est à sa place que je viens, non pas raconter la vie, c'est-à-dire faire l'éloge du grand homme que nous célébrons aujourd'hui, de cet homme que nous envie la studieuse Allemagne. De plus éloquents ont avant moi accompli une tâche que j'aurais craint de ne pouvoir remplir dignement, car le père des lettres l'a dit :

» ..... *La parole est toujours réprimée quand le sujet surmonte le disant.*

» Si j'élève la voix devant vous, c'est pour remercier au nom de la Société des Antiquaires de France, sa sœur chérie, la Société des Antiquaires de Picardie, d'avoir pris une si honorable initiative; c'est pour remercier la ville d'Amiens de s'être associée avec un si noble empressement à cette généreuse pensée.

» La statue de du Cange élevée sur cette place prouvera à tout jamais qu'Amiens était digne d'avoir donné naissance à cette trinité, son plus beau titre de gloire; du Cange, Gresset, Delambre sont devenus les citoyens du monde; en ce jour, Amiens a revendiqué et reconquis son titre de mère.

» Puisse cette heureuse et pacifique solennité faire comprendre à tous que les véritables grands hommes sont ceux que tous les partis peuvent et doivent admirer, ceux dont la vie studieuse, modeste et sans ambition, a été consacrée toute entière aux progrès de la science, à l'instruction et au bonheur de l'humanité! »

M. Quicherat, au nom de la Société de l'école des Chartes et son président, s'avance près du monument, et, après avoir salué la statue, prononce l'allocution suivante :

« Messieurs,

» Je viens au nom des anciens élèves de l'Ecole des Chartes, non pas seulement faire acte de présence à une cérémonie qui les touche ; mais encore vous féliciter, vous remercier même, de l'inspiration qui vous a conduits à décerner de si grands honneurs à la mémoire de Du Cange. Trop longtemps le bronze a été employé à consacrer uniquement la gloire des armes, de la politique et des beaux-arts; notre siècle a commencé à honorer de la même récompense la gloire de l'industrie : voilà qu'aujourd'hui, par un effet de votre intelligence et de votre patriotisme, le héros de la critique devient l'égal des autres héros. Vous avez interrogé vos fastes, vous avez passé la revue de vos grands hommes, et nul dans le nombre ne vous a paru plus digne des hommages dus à l'immortalité, que celui dont les travaux ont fondé l'étude du moyen-âge. Vous avez cru que, sans prodiguer votre religion, vous pouviez placer un tel homme parmi les génies tutélaires de votre cité. Eh bien! Messieurs, assurez-vous en votre propos: votre reconnaissance, de quelque pompe qu'elle s'environne, n'excède pas le mérite de Du Cange.

» Toutes les marques auxquelles se reconnaît la supériorité humaine, Du Cange les porte en lui. C'est peu pour sa gloire d'avoir été créateur, d'avoir posé dans le vide le sol sur lequel devaient s'appuyer ses pas et les pas des générations encouragées à le suivre; c'est peu que sa fécondité elle-même, quoiqu'elle soit faite pour épouvanter tout homme sachant apprécier les travaux d'érudition. Mais que l'on considère l'ensemble de ses vues et la portée de son dessein ; est-il rien de plus élevé? Au moment où l'étude de l'antiquité fournissait aux esprits leur unique direction; lorsque les plus solides intelligences n'apercevaient dans les produits des temps intermédiaires que les témoignages honteux d'une longue dégradation, produits bons tout au plus à occuper les loisirs de quelques curieux : Du Cange comprit que l'héritage des anciens perdait pour nous une partie de sa valeur, si ces restes, d'une si repoussante apparence, ne s'y ajoutaient. Il éleva la science au-dessus du préjugé qui voulait concentrer ses investigations sur les objets d'une forme flatteuse ; et devançant de beaucoup les besoins de son siècle, il réduisit en une doctrine inébranlable la pratique incertaine de quelques-uns.

» Même originalité, même vigueur de conception dans les procédés par lesquels il débrouilla le cahos d'une matière si confuse. Moins occupé de la quantité infinie des éléments que de la loi à laquelle ils étaient soumis, s'il ne donna pas toujours la solution, il enseigna toujours le moyen de la trouver. Ne rien considérer isolément ou d'une manière abstraite ; donner à chaque expression l'accompagnement de sa patrie et de sa date pour remonter à son origine ou descendre à ses variations en le rapprochant des analogues de lieux et de temps différents, chercher la persistance des choses sous la tranformation trompeuse des mots, ou démasquer la transformation des choses qui se cache sous la figure des mots obstinée à rester la même : telle fut sa méthode, et nulle autre que celle-là ne saurait être appliquée à l'étude du moyen-âge.

» Admirons encore dans Du Cange son universalité, cette grandeur, non pas tant de sa science que de sa philosophie, qui lui permit d'aborder à la fois, pour les interpréter, les titres de l'Europe moderne tout entière. L'Europe à ses yeux n'était qu'une vaste famille dont les membres séparés sous l'empire de circonstances différentes, avaient modifié diversement un fonds de doctrines, de lois, de langage ; et comme il avait suivi les métamorphoses du génie romain dans les pays de civilisation latine, il voulut montrer aussi ce qui était issu de l'alliance de ce génie avec celui de la Grèce. Il créa l'érudition byzantine. Ainsi, Messieurs, la Grèce moderne, rendue à l'existence par nos armes, doit encore à Du Cange la résurrection des siècles qui rattachent son présent à son immortelle antiquité : tellement que lorsque cette noble contrée aura vu reverdir par le bienfait de son indépendance, l'arbre d'où elle cueillait jadis les palmes olympiennes, elle aura, elle aussi, à payer son tribut à votre illustre concitoyen, en couronnant son image dans ses musées et dans ses académies.

» Grâce au ciel, le jour est venu pour nous de l'honorer publiquement, et par une coïncidence qui n'est pas l'effet du hasard, ce jour arrive dans un moment où la nécessité de connaître le moyen-âge ne saurait être proclamée trop hautement. Les grands événements par lesquels ont passé nos pères, ceux dont nous-mêmes nous avons été les acteurs ou les témoins, nous enseignent qu'un peuple, pour persévérer dans la grandeur, a besoin d'une tradition. Plus les droits sont égaux, plus les esprits doivent être nourris de la tradition qui est la source de l'intelligence politique. Les formes de gouvernement se succèdent en vain, si la nation oublie d'un siècle à l'autre ce qu'elle a fait, ce qu'elle a été; et sa virilité n'est qu'une longue enfance, si elle ne s'instruit point par les fautes du passé. Le moyen-âge a été le temps de toutes les expériences : nulle idée ne s'est fait jour aux temps modernes qui n'ait eu alors ses prédications et ses débordements, ses victimes et ses martyrs : ce sont de tels exemples qu'il est temps de proposer à la multitude. Une génération jeune et forte s'occupe dans le silence à en recueillir les matériaux; puissent les littérateurs s'en emparer à mesure qu'ils se produisent ; puissent-ils en tirer pour les esprits un aliment plus salutaire que les fantaisies dont l'abus leur fait pervertir trop d'intelligences et les expose eux-mêmes au danger de voir l'art expirer misérablement entre leurs mains.

» En parlant de la sorte, Messieurs, je suis sûr d'être compris de vous. Vous êtes d'une race qui, dans la famille française, a eu, plus qu'aucune autre, l'heureux privilége d'accorder le respect du passé avec le goût des conquêtes dues au progrès des temps. Soit parce que vous êtes les plus anciens dans l'histoire de la liberté, soit parce que chez vous le bon sens domine, les révolutions vous ont trouvés froids dans les jours de colère inutile, autant que vous étiez ardents lorsque la patrie vous conviait à quelque chose d'utile ou de généreux. Votre conduite a toujours été la même : savoir avant de parler, juger avant d'agir, produire au lieu de perdre le temps en vaines discussions. C'est pour cela que vous avez atteint la vraie gloire des temps modernes, la gloire accordée aux mains honnêtes qui travaillent et à l'esprit indépendant qui cherche la vérité : heureuse destinée dont votre ville déploie partout les enseignes : là-bas, les nombreux canaux dont vos courageux laveurs et foulers de laine convertirent jadis les eaux troublées en Pactole ; plus près de nous le magnifique monument que des maçons dignes du nom d'artistes, ont élevé au dieu dont ils étaient pleins ; ici même, sur cette place, la statue du grand homme qui nous a fourni l'instrument pour renouer, comme il convient à une nation libre et réfléchie, le lien sacré de notre tradition. »

Ensuite, M. Achille Jubinal, au nom de la Société des gens de lettres, prononce cette allocution :

« Messieurs,

» Je ne supposais pas devoir prendre ici la parole. Permettez-moi donc de ne vous dire que quelques mots bien simples tracés durant le voyage.

» La grande et belle solennité qui nous rassemble me paraît, Messieurs, consacrer dorénavant, dans le souvenir de Du Cange, ce savant illustre devant lequel tout ce qui pense devrait s'agenouiller, la glorification de la science et de l'érudition.

» En venant ici, comme représentant de la Société des gens de lettres, composée presque exclusivement de littérateurs et de poètes, acclamer avec vous le savant et l'érudit dont votre belle province s'enorgueillit à si juste titre, permettez-moi d'espérer que j'assiste à la consécration désormais indissoluble de la science et des lettres.

» Les lettres pures, cette forme agréable de la pensée, vulgarisent la science et l'érudition ; elles les répandent, affaiblies il est vrai, mais colorées de reflets qui les rendent plus frappantes au sein des masses ; elles vont, sous d'ingénieuses fictions, en semer l'amour et l'admiration au cœur du peuple, et Walter-Scott, Hugo, Vitet, Alexandre Dumas et cent autres ont fait autant, selon moi, par leurs dramatiques récits, sinon pour l'histoire, du moins pour inspirer le désir de la connaître et de l'étudier, que les hommes patients et curieusement travailleurs dont nous applaudissons ici le modèle inimitable.

» Messieurs, on disait jadis de tout écrivain spécialement littéraire : « Il a trop d'esprit pour être un savant. » On dira désormais, j'aime à le croire : « C'est à la fois un savant et un homme d'esprit. » La science et les lettres ne sauraient être intolérantes et s'exclure.

» Messieurs, la Société que j'ai l'honneur de représenter au milieu de vous, vous remercie de la bonne pensée que vous avez eue de la convier à l'érection de la statue de Du Cange. Elle s'efforcera toujours de contribuer à former par ses écrits, non seulement l'esprit et le cœur de nos populations, mais encore à populariser, dans cette France, qui est la patrie de toutes les gloires, et à l'étranger qui adopte comme siennes toutes les gloires de la France, le nom de ces géants du travail qui ont, comme celui que nous honorons ici, reculé les bornes de la science.

» Messieurs, je ne sais si je me trompe, mais il me semble que Du Cange, s'il pouvait descendre de son piédestal, remercierait ici le grand cortége d'écrivains de tous genres, romanciers, poètes, critiques, qui, par ma faible voix, s'unissent à vous pour saluer d'une acclamation unanime le bronze qui, sur la place publique de sa ville natale, vient éterniser ses traits. »

Au moment où M. Rigollot, président de la Société des Antiquaires de Picardie, se dispose à prendre la parole, M. le Préfet de la Somme s'avance vers lui et lui dit :

« MONSIEUR LE PRÉSIDENT,

» M. le Ministre de l'instruction publique m'a chargé de vous
» remettre la croix de la Légion-d'Honneur. Cette récompense,
» qui sera ratifiée par l'opinion publique, était due à votre
» science et à vos travaux comme archéologue, à vos longs et
» honorables services comme médecin. La Société que vous
» présidez verra, je l'espère, dans la distinction qui vous est
» conférée, la preuve éclatante de l'intérêt que lui portent l'ad-
» ministration locale et le gouvernement. »

2.

Après avoir remercié M. le Préfet, M. Rigollot, s'adressant à M. le Maire, prononce ces paroles :

« Monsieur le Maire,

» La Société des Antiquaires de Picardie est heureuse de pouvoir enfin donner à la ville d'Amiens la statue d'un de ses plus illustres enfants, de Du Cange, dont la gloire s'accroît à mesure que les générations, en s'éclairant de plus en plus, deviennent aptes à apprécier l'étendue des services qu'il a rendus aux sciences historiques.

» Il nous a fallu, malgré le concours généreux que nous a donné un grand nombre de nos concitoyens, bien des efforts pour mener à fin notre entreprise ; la ville d'Amiens, en voulant bien y contribuer, sur votre demande, Monsieur le Maire, nous a permis de l'achever ; recevez l'expression de notre reconnaissance.

» Permettez nous aujourd'hui, Monsieur le Maire, de nous enorgueillir de la haute approbation que viennent donner à la destination du monument dont nous dotons la ville, ce qu'il y a de plus élevé dans l'aministration de l'état et ce qu'il y a de plus justement célèbre dans le domaine de la science.

» Pouvions-nous espérer un juge plus éclairé que le Ministre de l'instruction publique qui, sans une indisposition sérieuse, aurait présidé cette cérémonie. Embrassant d'un regard pénétrant quels peuvent être les besoins d'une époque où tant de changements ont été tentés, il croit sans doute, dans sa sagesse, qu'il est bon de diriger les esprits agités par des évènements si imprévus, vers les études fortes et sévères qui, en instruisant sur le passé, ne laissent plus de place aux chimériques utopies et permettent, par comparaison, d'estimer heureuse la condition sociale qui nous est faite.

» Les enseignements de l'histoire, l'investigation des sources de nos connaissances, sont à la fois le meilleur moyen d'apprécier sainement le présent et d'assurer à l'avenir les améliorations qu'il a le droit d'attendre de notre expérience. Quel plus beau modèle peut-on proposer à celui qui se dévoue à l'étude que l'homme célèbre dont nous entourons l'image; puisse-t-elle lui enfanter de nombreux imitateurs.

» C'est la première fois, depuis sa fondation, que l'Académie des inscriptions se déplace pour prendre part à une fête telle que celle qui nous rassemble. Cette innovation dans des habitudes séculaires, l'Académie la devait au savant dont elle respecte le plus la mémoire et dont elle continue si glorieusement les travaux; après un hommage si exceptionnel, que reste-t-il à ajouter à l'honneur de Du Cange ? »

M. Porion, maire d'Amiens, répond à M. Rigollot en ces termes :

« MESSIEURS,

» Le jour où a été posée la première pierre de ce monument, j'avais l'honneur de vous dire : « D'autres, et de plus habiles que » moi, vous feront connaître la gloire littéraire de Du Cange. » Notre attente n'a point été trompée; les discours que nous avons entendus laisseront dans nos esprits un souvenir durable.

» Notre immortel concitoyen ne pouvait trouver, pour apprécier et honorer ses travaux, une voix plus digne que celle de l'honorable président de la Société des Antiquaires de Picardie. Le gouvernement l'a reconnu comme nous, en lui accordant aujourd'hui la décoration de la Légion-d'Honneur.

» M. Rigollot, ainsi que ses collègues, ont voulu honorer la science en élevant ce monument, et la science, représentée par une députation de l'Institut, de ce corps illustre dont les travaux sont l'une des gloires du pays, a répondu à l'appel qui lui était fait.

» M. le Ministre de l'instruction publique, dont l'admirable talent n'a d'égal que son patriotisme et sa haute probité, a été empêché par une indisposition de s'associer à cette solennité, et de témoigner ainsi de son amour des lettres et de la célébrité de Dufresne Du Cange.

» Les regrets de M. de Falloux nous ont été exprimés par sa lettre et par l'organe d'un honorable concitoyen, M. Génin, chef de division au Ministère de l'instruction publique.

» M. Génin voudra bien, je l'espère, reporter à M. de Falloux l'expression de nos vœux pour son prompt rétablissement et de notre profonde estime pour sa personne.

» La reconnaissance est un lien si doux que souvent on croit n'être point injuste quand on n'est point ingrat. Nous entendons reconnaître autrement notre dette envers la Société des Antiquaires de Picardie.

» Nous n'oublierons jamais, Messieurs, tout ce que votre pensée première a eu de noble et de généreux. Nous n'oublierons jamais les épreuves difficiles dont votre constance éclairée a su triompher; et le conseil municipal, en s'associant par un vote unanime à vos travaux et à vos dépenses, est heureux de reporter sur vous seuls tout le mérite de cette belle exécution.

» J'accepte donc, au nom de la ville, le don que vous lui faites aujourd'hui. Quoique ce monument cesse de vous appartenir pour devenir la propriété de tous, il n'en sera pas moins un éternel honneur pour votre Société, qui, en nous procurant l'occasion d'honorer un savant illustre, nous permet d'offrir à tant d'hommes distingués une fête littéraire qui témoigne du retour de la confiance, résultat inévitable du rétablissement de l'ordre. Prononcer ce mot, c'est rappeler à tous ceux qui m'entendent que cette ville et ce département en sont toujours les plus énergiques défenseurs. »

M. Dufresne de Beaumetz prend ensuite la parole au nom des descendants de Du Cange :

« MESSIEURS,

» Prendre la parole devant un auditoire aussi imposant est sans doute un acte de témérité; mais j'accomplis ici un devoir comme représentant de la famille Dufresne et je compte sur toute votre indulgence.

» Malgré les agitations politiques, vous avez gardé un souvenir au savant du XVII.e siècle, à Dufresne Du Cange, votre compatriote; sa statue devient l'un des ornements de votre cité.

» Honneur à la Société des Antiquaires de Picardie!

» Honneur aux habitants de la ville d'Amiens!

» Honneur enfin à l'artiste dont nous admirons tous, aujourd'hui, le chef-d'œuvre.

» Messieurs, permettez-moi de vous offrir les témoignages de reconnaissance de la famille Dufresne pour l'honneur rendu à la mémoire de l'un de ses aïeux.

» Chaque membre de cette famille, Messieurs, est et sera toujours fier de se dire votre concitoyen. »

Cette série de lectures se termine par la pièce de vers suivante récitée par son auteur, M. Breuil, membre de la Société des Antiquaires de Picardie.

DU CANGE.

Nusquam satis laudandus Cangius,
Ambianensis civitatis gemma.
GALL. CHRIST., t. 10, p. 1149.

Il est dans notre histoire un règne merveilleux
Qui surpasse en éclat les temps les plus fameux.
Condé, l'inaugurant par ses jeunes victoires,
D'abord en annonça les militaires gloires;
Le commerce grandit sous l'égide des lois,
Les lettres et les arts fleurirent à la fois :
La France enfin brillant d'une splendeur suprême,
Son monarque choisit le soleil pour emblème.

 Ce règne, par le Ciel si largement doté,
Vit naître le savant, fils de notre cité.
Quand Racine et Corneille, émules de la scène,
Ressuscitaient chez nous l'antique Melpomène,
Quand la Muse comique, arrachée au tréteau,
De sa noble élégance émerveillait Boileau,
Quand Bossuet, ce pontife aux accents magnifiques,
Ramenait l'éloquence au sein des basiliques,
Lorsque tant d'écrivains que vous nommez encore
De la littérature illustraient l'âge d'or,
La science eut aussi sa gloire et ses conquêtes ;
Un Descartes, un Pascal, en furent les athlètes :

Après eux, notre orgueil peut bien ranger celui
Dont l'image d'airain se dévoile aujourd'hui.
Il voulut, ce savant, dissiper la nuit noire
Qui du long moyen-âge enveloppait l'histoire,
Et, recueillant partout leurs débris dispersés,
Rattacher au présent les siècles effacés.
On admirait alors les pompeuses chimères
De ces historiens, courtisans littéraires,
Pour qui tout le passé, depuis les temps gaulois,
Semblait se renfermer dans le palais des rois,
Et n'offrir pour sujets dignes de nos annales
Que fêtes, que combats et que nobles scandales.
Du Cange abandonnait à ces galants auteurs
Le talent lucratif de tromper leurs lecteurs.
Il voyait dans l'Histoire une muse sévère,
Dont aucun préjugé ne limite la sphère,
Et qui, de son burin gardant la dignité,
S'incline seulement devant la vérité.
Pour saisir du passé les éléments mobiles,
Du Cange recherchait les archives des villes,
Les chartes que gardaient le cloître et le château,
La pieuse légende et le gai fabliau,
L'inscription tracée aux murs des cathédrales,
L'épitaphe couvrant les pierres sépulcrales,
Tout, jusqu'au moindre signe écrit, peint ou gravé,
Des ravages du temps vestige préservé.
Mais, de ces monuments pour percer le mystère,
Ce n'était point assez d'en souffler la poussière,
Il fallait expliquer les langages mêlés
Que du Nord au midi l'Europe avait parlés,
Interpréter les mots de barbare origine
Semés dans la chronique ou la charte latine,
Et dont le sens obscur, trop longtemps incompris,
D'un immense travail devait être le prix.
Sous le grossier latin écrit au moyen-âge
Se dérobaient les mœurs, les lois, l'antique usage;

On demandait un livre où chaque mot classé
Au creuset du savoir eût lentement passé;
Scaliger désira ce vaste répertoire:
Enfin à le créer Du Cange mit sa gloire,
Ses patients efforts atteignirent leur but,
Et son livre immortel, le Glossaire, parut.

Lorsqu'on parcourt cette œuvre où la science humaine
Versa tous les trésors épars dans son domaine,
Où, soumis humblement au joug de l'alphabet,
Le moyen-âge entier révéla son secret,
On demeure étonné, comme quand l'œil contemple
L'appareil imposant de ce gothique temple
Qu'éleva dans Amiens la foi de nos aïeux.
Mais, avant que le temple atteignît jusqu'aux cieux,
Des ouvriers sans nombre à cette masse altière
Avaient jadis porté le ciment et la pierre;
Pour léguer la merveille aux siècles à venir,
On vit tous les métiers, tous les arts concourir.
Par un plus beau destin, le Glossaire historique
S'ordonna sous la main d'un créateur unique;
Du Cange n'eut jamais, en ses rudes labeurs,
Que ses yeux et ses doigts pour collaborateurs:
Fruit mûri par le temps et par la solitude,
Son livre lui coûta plus de trente ans d'étude;
Jeune, il le commença: quand il l'eut achevé,
Au seuil de la vieillesse il était arrivé.

On voit des écrivains qu'un laurier littéraire
Récompense au début de leur noble carrière,
Et qui n'attendent pas pour devenir fameux
Que trente ans de travail aient blanchi leurs cheveux.
Le poète à qui Dieu fit présent de la lyre,
Dans les in-folios n'a pas besoin de lire:
S'il feuillette son âme il est assez savant;
Les beaux vers qu'à loisir il écrit en rêvant

Sous l'ombrage des bois, près d'une eau qui s'écoule,
A l'instant propagés, électrisent la foule;
C'est trop peu de céder à leur charme vainqueur,
On se les incorpore en les sachant par cœur.
Délices des salons, ta chanson, ô poète!
Réjouit l'humble toit; l'atelier la répète,
Ton nom retentissant du Monde fait le tour,
Et luit à tous les yeux comme l'astre du jour!
— Mais le savant n'a point cette fortune rare,
Un labeur assidu des hommes le sépare;
Pour lui point de doux rêve à l'ombre du vallon :
Sur ses livres penché, comme sur le sillon
Se courbe un laboureur pour que la moisson naisse,
Dans sa bibliothèque il cloître sa jeunesse.
Au gré de son ardeur le jour trop tôt s'enfuit,
Il allume sa lampe aux heures de la nuit,
Et bravant le sommeil qui règne sur la ville,
Il ne lui permet pas d'envahir son asile.
Mais, tandis que l'étude absorbe ses instants,
Le jour succède au jour : il sent le poids des ans,
Et lorsqu'à ses regards la gloire enfin rayonne,
C'est sur un front ridé qu'il reçoit sa couronne.
Au but de ses efforts le savant parvenu,
De la foule ignorante est d'ailleurs inconnu :
Si grand que soit le prix des travaux, des merveilles
Dont le Monde se voit enrichi par ses veilles,
Il manque quelque chose à sa célébrité :
Pour lui la gloire et non la popularité !

Réparant aujourd'hui cet inégal partage,
Amiens rend au savant un digne et juste hommage.
Nous ne couronnons point le mérite douteux
D'un auteur oublié sur son rayon poudreux :
Chateaubriand, Voltaire ont célébré Du Cange.....
Mais pourquoi de leur plume emprunter la louange,

> Lorque je vois ici l'élite des savants,
> Des honneurs de Du Cange approbateurs vivants,
> Et lorque le Ministre en qui chacun admire
> L'éloquent orateur que la patrie inspire,
> Eût voulu saluer du geste et de la voix
> L'image consacrée à l'illustre amiénois (*)?
>
> Encore quelques mots et mon discours s'achève :
> Cette place riante où Du Cange s'élève
> Etait jadis l'enclos par la mort habité ;
> Les générations qu'enfanta la cité
> Vinrent ici dormir sous le marbre et la pierre :
> Où donc sont leurs tombeaux ? où donc est leur poussière ?
> Le grand homme du moins tout entier ne meurt pas,
> Son nom brave le temps ainsi que le trépas,
> Et quand d'autres mortels la mémoire est perdue,
> A leurs tombeaux détruits succède sa statue !

Les applaudissements unanimes qui ont accueilli chacune de ces lectures, reprennent avec plus de force au dernier vers prononcé par M. Breuil, et l'enthousiasme éclate de nouveau lorsque le jeune Caudron, sur l'invitation de la Commission du monument, pose sur la tête de la statue exécutée par son père, une couronne de fleurs offerte par M.lle J. Gauthier, fleuriste, à Amiens.

La cérémonie de l'inauguration étant ainsi terminée, la garde nationale d'Amiens et les troupes de la garnison massées sur le boulevard Saint-Michel, se mettent en mouvement et défilent devant la statue, au pied de laquelle toutes les autorités sont réunies.

(*) M. de Falloux, ministre de l'instruction publique, qui devait présider la cérémonie de l'inauguration, a été retenu à Paris par une indisposition.

— 26 —

Pendant le défilé, un pas redoublé de la composition de M. Magnan, chef de musique de la légion, est exécuté par les trois musiques réunies de la garde nationale, qui avaient pris position dans la rue de Noyon, faisant face à la statue.

En foi de quoi le présent procès-verbal a été rédigé et arrêté ledit jour, à cinq heures du soir, pour être honoré de la signature des principaux fonctionnaires et délégués des corps savants à qui la plume a été offerte par M. Garnier, secrétaire-perpétuel de la Société des Antiquaires de Picardie et signé ensuite par tous les membres de cette Société.

POUR COPIE CONFORME,

J. GARNIER,
SECRÉTAIRE PERPÉTUEL.

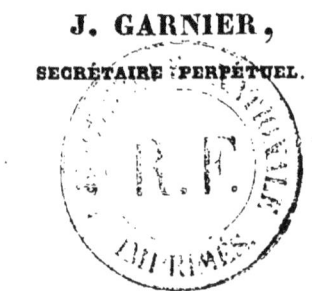

Amiens. — Imp. de Duval et Herment, place Périgord, 1.

www.ingramcontent.com/pod-product-compliance
Lightning Source LLC
Chambersburg PA
CBHW060501050426
42451CB00009B/764